LEAVE
ME THE
F#CK
ALONE

BASIC
B#TCH

BATSH#T
CRAZY

STOP
BEING
SUCH AN
AS#HOLE

WHAT
THE FUCK
JUST
HAPPENED?

TWO
WORDS
ONE
FINGER

F#CK
HOUSE
WORK

YOU'RE
A LITTLE
Bi#CH

CHiLL
THE
FUCK
OUT

KEEP
THAT
SH#T UP

ARE YOU F#CKING SERIOUS!

KEEP
CALM &
CARRY
THE F#CK
ON

DO NO
HARM BUT
TAKE
NO SH!T

F#CKING
IDIOT

F#CK
IT LET'S
COLOR!

F#CKING
RELAXING

BE
F#CKING
FEARLESS

CALM
THE
F#CK
DOWN

F#CKING
F#CK

CHEER
THE
F#CK
UP

LET'S
F#CKING
DO
THIS!

EAT A
BAG OF
D#CKS

THEY
MAY GO
FUCK
THEMSELVES

YOU
F#CKING
D#CKHEAD

Made in the USA
Las Vegas, NV
30 May 2024

90527425R00015